Versos vagabundos

MUSEO SALVAJE

Colección de poesía

Poetry Collection

WILD MUSEUM

Milton Fernández

VERSOS VAGABUNDOS

Nueva York Poetry Press

Nueva York Poetry Press LLC
128 Madison Avenue, Oficina 2RN
New York, NY 10016, USA
Teléfono: +1(929)354-7778
nuevayork.poetrypress@gmail.com
www.nuevayorkpoetrypress.com

Versos vagabundos
© 2020 Milton Fernández

ISBN-13: 978-1-950474-24-0

© Nueva York Poetry Press

© Contraportada:
Silvia Siller

© Colección Museo Salvaje vol. 13
Homenaje a Olga Orozco

© Concepto de colección y edición:
Marisa Russo

© Diseño de portada:
William Velásquez Vásquez

© Diseño de interiores:
Luis Rodríguez Romero

© Fotografía del autor:

Fernández, Milton
Versos vagabundos. 1ra edi-- New York: Nueva York Poetry Press, 2020, 124 pp. 5.25" x 8".

1. Poesía uruguaya. 2. Poesía sudamericana.

Prefacio de Silvia Siller

Cada tierra es mi tierra
cada antojo de espacio.
Sigo midiendo el mundo
con la cadencia
floja
de mis pasos
MF

Versos Vagabundos de Milton Fernández es un paseo poético, un poemario que zigzaguea por poemas tanto a ciudades como a mujeres igual que un vagabundo mientras las entrona, mientras el poeta las vuelve a soñar en su mundo de palabras.

Nos acercamos a una poética panorámica, un recorrido cinematográfico. Aprendemos de un narrador aventurero, amante, a veces guía de turistas, a veces explorador multidimensional que nos adentra con sus metáforas y símiles a viajar por ciudades y por amantes en días nublados y soleados, y a la vez nos revela su psique con el lente de la evocación poética del suspenso. Un zigzag donde la noche y el día también se interponen en sus personificaciones, como alegorías urbanas:

Tangacho

(…) Se nos mete la noche
en todo el cuerpo (...).

Qué bueno que el planeta disponga
(…) qué bueno que el día se proclame
tan rotundamente día
silla la silla
boca la boca (…)
soberbia tu nuca
con su antigua voluntad de nuca

Ahora sé finalmente que no queda nada…
(…) claro
no es que sea fácil inventarse el día
sin vos que lo decreta día
la noche se presenta a veces
tan pero tan noche
que dan ganas de caerse dentro (…)

Se presentará puntual un día ya vivido…
(…) Llegará
de noche
la eterna enamorada
y tomará tenencia
de todos mis segmentos
y expondrá sus quejas
de amante abandonada
y recluirá mis pasos
entre comas
y paréntesis. (…)

Leer *Versos Vagabundos* es seguir un itinerario lleno de mapas retóricos y de mapas sensoriales que describen acompañantes puntuales del poeta, y las entreteje entre metáforas urbanas. Nos preguntaremos en algún momento si somos parte de esta narración de pantalla por la calidad de la estética visual, auditiva, táctil, y por sus grandes aciertos de efectos especiales.

Fernández embiste las urbes con sus versos recorriendo callejuelas así como también se recorre una cintura durante la seducción, o los declives de ciudades musas, o la amante que le susurra sus senos por la espalda; Montevideo, Iguazú, Bahía, Venecia, el día y la noche, las aborda igual que deshoja en sus poemas a las mujeres que ha amado, delicadamente. Las amantes musas, acaso griega, italiana, uruguaya tienen su momento. Pero todas son más bien la mujer universal sin gentilicio o el amor idóneo que pasó, pasa y pasará por su vida en sus vagabundeos rítmicos. Amores que culminan o culminaron en la danza anhelada de los cuerpos, así como acabaría una noche toda estrellada sobre una plaza de su ciudad ideal hasta que se vuelve día. Añoranzas y vivencias que conviven con los matices de la transición, como los viajes.

En varios de sus poemas también se asoma una música que podría compararse a la de Mario Benedetti como en "Nocturno Palermitano" (p. XXX) que contiene ecos invisibles del poema "No te salves", acaso lo uruguayo de sus venas. Así, non-chalant, conspiran sus poemas viajeros con la cadencia floja de sus pasos, como que las ciudades y las mujeres del poeta se hilvanaron sin querer. No supo cómo se intercalaron, olvidó el origen del primer viaje, pudo haber sido cualquier ciudad sin principio ni fin, algo que puede percibirse como el virgen ejercicio de la libertad del vagabundo. Pero su afán de descubrimiento sutil por las mujeres y por las ciudades va más allá. Su amor incondicional, si bien erótico y terrenal en sus poemas, carece de fronteras o limitantes territoriales, es decir, no pueden asirse o cercarse, trasciende, no puede quedarse en la ruralidad, son ejercicios continuos, globales, cósmicos.

Me gusta perderme en una ciudad que no conozco
dejarme resbalar en la intimidad de sus declives
me gusta sentirla entrar por la nariz, la ciudad,
palparla
reconocer al tacto sus acentos
llevarla en la punta de la lengua cuando regreso (…)

y morder aquí y allá, con firme devoción,
hasta alcanzar los confines de su grito,
tan suyo, tan distinto de cualquier otro grito, (…)

(…), untarme sobre la piel sus pesadumbres,
escucharla gemir con la boca en su vientre. (…)

(…)ahora que sé, que conozco los cubículos de su pena (…)

(...) sabiendo, desde el principio de la historia que
como cualquier ciudad que se respete
nunca será
del todo enteramente mía.

Sus poemas son el oleaje del mar, no una laguna. El poeta es un eterno viajero, anhelante de descubrirse en los espejos de las ciudades y de las mujeres que han inspirado sus versos. Pero también sufre el destierro, las pérdidas, el siguiente vagón, la estación pasada y al leerlo, lo vivimos, lo sufrimos junto con él. En cada uno de sus amores, de sus ciudades, ha estado genuinamente presente durante su estancia, pero el poeta está destinado a ejercitar el desapego, el poeta también nos muestra sus momentos taciturnos como nos presenta las ciudades nubladas, la languidez del viaje pasado, o la ausencia de la amada que dejaba en la puerta los zapatos de tacón. El poeta se resiste a su propio drama, amar pero en libertad.

(...)Yo perdí el corazón en una calle de Bahía

anduve vagabundeando sin rumbo por la noche
me dejé manotear por el sol en Pelurinho (...)
después bajé a la Baixa a charlar con los pescadores
que dejaban el mar con las redes repletas
de salitre y de pan
y golpeé a la puerta de los poetas de rua (...)

si alguien lo encontrara
le ruego tratarlo con cuidado
a lo sumo un saludo   tal vez una caricia
pero que a nadie se le ocurra levantarlo

yo dejé el corazón en una calle de Bahía
y no veo la hora de volver a buscarlo.

Sea ciudad o musa, casi siempre está presente la personificación, lo cual gestiona una estrategia subjetiva de inclusión del lector, para muestra un botón:

(...) Montevideo bosteza
en su amplio camisón
sus pantuflas de plástico
sus sueños de visón (...)

(...) allá abajo
atado al lecho
el río reconfirma
su incesante voluntad de mar

En *Versos Vagabundos*, como lector, uno se pierde entre letras venidas de la tinta del Río de la Plata que viajan en imágenes en donde todos podemos calzar, a veces con un erotismo exquisito, otras, con una nostalgia hegemónica o finalmente, con un anhelo cada vez más inalcanzable de amar del poeta. Me atrevería a decir que se desdibujan las ciudades y las mujeres en un mismo paisaje. A ambas, el poeta les habla con el mismo idioma, uno inventado por él con sus pentagramas poéticos, como un diálogo con todas a la vez, poema a poema acompañado por melodías precisas de su música. La contemplación melancólica de las transiciones es la que encuentra tesoros poéticos sorprendentes y en algunas ocasiones hasta humorísticos.

Primero de enero

heme aquí
dispuesto
a las desmitificaciones frescas de la jornada
a escalpelar borradores y retazos
(...)
es aquí que me saltás vos a la memoria
a traición/aunque sé que no es cierto
(me habría jugado la camisa a que llegabas)
te abro/sonreís
o no sonreís nada
te sacás lo zapatos/los tirás al costado
me mandás al diablo el inventario
y me dejás un año entero
a masticarte

Pero el viajero, el poeta vagabundo también necesita momentos de aliento, de soledad, de digerir tanto arcoíris de emociones. Es ahí donde nos muestra su drama, que ni la hermosa banalidad del día a día, lo deja descansar cuando no viaja, por ejemplo cuando conversa con los ángeles:

(...) los ángeles no sufren
de insomnio por pensarte

no saben que es pecado capital
cortejar la gloria
y no tener un cuerpo
para soñar amarte

· los ángeles no van al paraíso

O cuando habla directamente a una musa universal, ¿serán sus ancestros, sus orígenes? o una simple manera de revisar dónde comienzan los itinerarios de sus viajes:

Háblame musa

(...) devuélveme la baba de la noche
el delirio empapado en aguaceros de saliva y algodón
la complejidad de nuestros fluidos
las eras estelares de orfandad (...)

(..) cuéntame de aquel sur/de mi estirpe
inconcluyente cínica trivial
de la brama animal que arremedava
el grito de Dios
del prodigioso adviento cotidiano del ardor
de la fatal argumentación de los sentidos

vamos, musa
contáme
cómo era mi vida
cuándo se me parecía

Hay otros momentos de desbarajuste, cuando se le retuerce el orden de su vida como cuando se sienta a ver el saldo de los sitios visitados o de las mujeres que han compartido su lecho.

(...) He planchado ventanas
pintado calzoncillos
desempolvado gatos
y acariciado libros

(...) no sé porqué hice todo eso
pero vos ya no estás
y a mi me cuesta reorganizar el universo

El vaivén del amor es finalmente el hilo universal del poemario, desvanecido entre ciudades del globo terráqueo, el día y la noche, y entre la mujer elevada a musa, suya pero luego incorpórea, inasible. Por ello lector o lectora intrigada por este viaje, le hacemos una última advertencia. Viajar de manera vagabunda entre estos versos siempre contiene riesgos. Al leer este poemario, estos poemas que nos hablan de frente con la utilización de la segunda persona se adentran en los poros de lectores sensibles como una pócima invisible. Con el imaginario de Fernández tan al alcance de las páginas, corre el riesgo de sentirse aludido(a). El poemario y la musicalidad serpentea los sentidos y creerá que usted forma parte de su romanticismo melancólico, dudando si se ha enamorado de sus versos, o si se ha vuelto musa. Aconsejamos que entre a la lectura de los poemas por bocados, descanse, saboree, vaya a un parque, regrese a la lectura. Aunque parezca, usted no es ni urbe, ni amante del poeta, y los poemas no están escritos para usted y he ahí el logro de este poemario, hacérnoslo creer, es fácil sumergirse en este oleaje del océano de Fernández:

Abrázame
como si fuera cierto
que la vida recomienza ahora
que vendrán otros días pero no serán puntuales

(...) de golpe una borrasca
te encalla en mi ribera
un susurro de senos me recorre
la espalda
desde la plaza sopla como un temblor
de sábanas
y dos sombras
pasando
se vuelven una sola (...)

SILVIA SILLER

Fue domingo en las claras orejas de mi burro
de mi burro peruano en el Perú
(Perdonen la tristeza)
CÉSAR VALLEJO

USTED, AMIGA MÍA

Usted que me conoce como nadie
que me enjuaga las penas con su risa
y me achica las horas
y recoge mis migas

usted, amiga mía
no sé como lo hace
si es menjunje de brujas /cuento de hadas
la verdad es que usted
así como si nada
con un golpe de tos/una mirada
un guiño
una caricia
usted me desbarajusta el desaliento
y me vuelve vivible la jornada

usted, amiga mía
su distancia precisa
su dejemos las cosas donde tienen que estar
su vale más un abrazo sincero
un cómplice puntual
una lealtad sin tiempo

usted, amiga mía
mire
déjeme que se lo diga

usted que se trepa a los tejados
cuando uno menos se lo espera
usted siempre sincera, solidaria,
cordial,
sideral y sin drama
usted siempre al alcance de la mano
usted siempre distante de mi cama

debería estar atenta dónde pisa
dónde deja su sombra bien tendida
su palabra precisa
ese don que se pega a las costuras
su marca de comarca
en cada silla

usted, amiga mía
tendría que saberlo
usted que se me escurre entre los dedos
y me perdona el día
cada día

usted, amiga mía
tendría que estar prohibida
por la ley

TERRITORIO DE MUJER QUE ME ANOCHECE

incierto/lácteo
en toques de campanas
y rezongos de persianas lentas

la cola entre las piernas
el día se guarece entre los fuelles
del edredón maltrecho

hebra de luna en el punto augural de la pendiente
territorio de mujer
resbaladizo
sin principio ni fin
perezoso e insolente

el último o/tal vez/el primer tranvía
sobre los rieles
al trote
y sin apuro

un soplo de café me apunta al alma

territorio de mujer
en
la
alborada

QUÉ BUENO QUE EL PLANETA DISPONGA

de tal cantidad de alas
de glándulas en desuso
de cuerpos ateridos/ tendidos piel a piel
de seres irrazonables
de funámbulos artríticos en íntimo
y recíproco intercambio de temores de muerte
usados una vez
y como nuevos

qué bueno que el día se proclame
tan rotundamente día
silla la silla
boca la boca
soberbia tu nuca
con su antigua voluntad de nuca
qué gloria esta lengua
botada
a la sinuosidad de tus trayectos
qué triunfo que
empapados, feroces,
se resignen los dientes
a los reclamos de la hoguera
que aturdida entre las frondas
la vida quiera
todavía
por última vez/o por primera
ser espina herida puñalada
sobre el lomo rastrero del pudor
cofre
caja fuerte entreabierta e invitante

entre cuyos labios encontrará el coraje
tarde o temprano/el día
para incubar
irresponsablemente
el
porvenir

SI SUPIERAS CUÁNTO CUESTA
llegar hasta la tarde
vadearla
puntear hacia adelante
pensar que quedan todavía
pedacitos de día para (no) pensarte
veredas
bajovientre

si supieras cuánto cuesta
el coraje
a veces

levantarse
enfrentar la mañana/con tanta noche a cuestas
sentarse en la ventana
a arquitectar distancias
a descifrar teléfonos
consignas
y rituales

desearte
en la simétrica costumbre del abrazo
amarte sin flojeras
odiarte sin dobleces
temer que nada quede
saber que no seremos
mirarnos sin siquieras
dejarnos sin ayeres

si supieras cuánto duele
estar sin vos
a veces

Sigo esperando un milagro
que no llega
sigo siendo credulón
e inadaptado
sigo pidiendo peras a tu olmo

IGUAZÚ

cielo a poniente
alba que sabe a esperma y temporal

una nube de paso
se abandona al abrazo del matorral sombrío
y tiembla en la ventana

entregada en la cama
de par en par tendida
a mis mil puntos cardinales
tu presencia animal
me anula la razón
y la reinventa

mujer
vientre de mujer al sur
aluvial
exhausta desnuda urgente
indispensable

tan mía
que duele el día
que ya no lo será

Iguazú 5.20
¿qué decir? allá afuera
un estruendo brutal
y un río de palabras
inconsistentes

DEBERES DE HOY

Mantenerme (por lo menos) a dos leguas del gentío
postergar extravíos
no ceder al dolor
no vendarme la cabeza en la eventualidad de un dolor
no hacer del dolor un mérito
no distribuir limosnas (no ofender la dignidad del hombre)
no sonreír sin ganas
no reírme sin ganas
no llorar en público (ni siquiera si me vienen ganas)
no hacer un cumplido que no siento
no dar un consejo que no me han pedido
no ser cobarde (no tenerle miedo a mi propio miedo)
llamar siempre pan al pan y al vino vino
decir sin más: te quiero, a quien quiero
te extraño pero sigo viviendo a quien extraño tanto que me muero
dejarme amar (sin pensar a lo que sucederá mañana)
sonreír, reír y hasta llorar de dicha
teniendo cuidado de no robarla a los demás
proclamar a los cuatro vientos que hoy estoy vivo
porfiadamente vivo
y como tal:
amo
lloro
sonrío
río

CADA TIERRA ES MI TIERRA
cada antojo de espacio.
Sigo midiendo el mundo
con la cadencia
floja
de mis pasos

ME GUSTA EXTRAVIARME EN UNA CIUDAD
QUE NO CONOZCO

dejarme resbalar en la intimidad de sus declives
me gusta sentirla entrar por la nariz, la ciudad, palparla
reconocer al tacto sus acentos
llevarla en la punta de la lengua cuando vuelvo/
con los brazos vacíos/
en plena noche.
Me gusta enfilarme en sus sentidos sin apuro,
olfatear sus silencios, desprender sus
urgencias, sus temores, depredarla del más
pequeño subterfugio, untarme sobre la piel sus
pesadumbres, escucharla gemir con la boca en el vientre.
Me gusta, sobretodo por las mañanas,
adentrarme paso a paso en la húmeda vaina de sus secretos,
de sus inconfesables desvaríos
entre sus ritos
en la compuesta, tibia asiduidad de su apetito.
Me gusta explorar con los dientes/
a ojos cerrados/
en búsqueda de ese punto casi siempre inexpresado del dolor,
así vivo, carnal,
y morder aquí y allá, con firme devoción,
hasta alcanzar los confines de su grito,
tan suyo, tan distinto de cualquier otro grito,
y expugnarla entonces en cualquier dirección, furiosamente,
como para hacerle saber que es inútil ahora, que ahora sé,
que conozco los cubículos de su pena,
la oculta, trasnochada realidad de sus pasajes,
que puede dejar correr libres mis manos por su cielo,
que volveré mañana a hurgar/como hoy/en sus recesos,

y el día después,
y el otro/todavía
hasta sentirme maleable a sus intentos,
rendido, abandonado,
y confesarle al oído
que daría la vida para que no me olvide
que viajará conmigo dondequiera que vaya
que nos diremos adiós, casi enseguida
(a más tardar mañana)
como se hace con una pena amiga
con un amor recién parido
justo para proteger ese candor
para llevarla conmigo, tibia como un sol
en cada mano
sabiendo, desde el principio de la historia que
como cualquier ciudad que se respete
nunca será
del todo
enteramente mía

MONTEVIDEO

Sobre el estuario indeciso
la aurora redibuja perfiles afilados
con vanidad de cisne
un resplandor mezquino tantea las claraboyas
y un silencio irreal
sigila la inmanencia de un nuevo derrotero
con su viejo compás

Montevideo bosteza
en su amplio camisón
sus pantuflas de plástico
sus sueños de visón

denuncia inquieto el faro
la tenue intimidad de sus indicios
bajo el mástil callado
el alza bandera cumple
con cómica gravedad
el usual rito

la vida al sur reparte sumisa y habitual
al toque de la diana
los jerarcas notifican señales
de pánico inminente
por la costa oriental

la vida al sur reparte
sumisa y habitual
el sol se asoma aún
la rabia aflora

allá abajo
atado al lecho
el río reconfirma
su incesante voluntad de mar

LOS ÁNGELES NO VAN AL PARAÍSO

no tiritan de frío
de tos o de recelo
no sufren los embates del hambre
no temen reveses de fortuna

no dan confianza a extraños
no se dejan besar bajo los pórticos
ni acariciar las alas

no tienen sombra
los ángeles
ni senos que frugar

no duplican espejos
no canjean humores
no entregan los orígines
no conmutan sudores

ignoran el arcano
que anidas en el vientre
y el lujoso portento de descifrarlo
boca a boca
en la cama

los ángeles no sufren
de insonnio por pensarte

no saben que es pecado capital
cortejar la gloria

y no tener un cuerpo
para soñar amarte

los ángeles no van al paraíso

TROPERO

Me vuelven a la memoria, a veces
en esa lengua que fue de altos señores
los infinitos nombres del creado,
forjados ríos cielo coraje
y extensión

Arapey, Dayman, Cebollatí, Tacuarembó
territorios del alma de un hombre apenas conocido
del cual conservo y llevo encima
una cierta pasión por el andar
el despego
el sentido de la riqueza entendida
en un amigo, un viejo poncho
y el cobijo del fuego
en un lado o el otro
del camino

Allá donde la tierra hervía
en cuernos barro bosta y alaridos
bajo cascos de bestias proverbiales
mi abuelo ejercía su oficio
polvoriento y antiguo
en parte árbol por mitad sendero
de hombres libres hasta la impertinencia
a los que hasta la muerte se acercaba con respeto

siento a veces que estoy volviendo
a las raíces

me duele
toda la inmensidad
que nunca conocí.

HÁBLAME, MUSA

cuéntame de aquellos cuerpos
simulacros de carne y piel y sueño
perdidos/malandados
de las sórdidas porfías del inicio
de las calumnias del destierro
de la ilusoria reconquista
de la razón y el equilibrio

devuélveme la baba de la noche
el delirio empapado en aguaceros de saliva y algodón
la complejidad de nuestros fluídos
las eras estelares de orfandad
ilógicas/
insensatas
de incontables revueltas
envueltas/en urgencias primordiales
tus nalgas de jabón
(dále contáme)
la brama que no cesa
la inmoral sinuosidad de sus andenes
linfa esperma flujo
aflujo
erratas de una estampa antigua
blanqueada disgregada
siglos de sordidez del magma que aflora de improviso
y arrastra empuja
la inminente peligrosidad/la enésima muerte
la caída en picada
el penúltimo grito
el mutis del suspiro

Cuenta, musa
recuérdame los tiempos idos
cedidos postergados
abandonados a sí mismos
la pueril genuinidad de los instintos antes de la consigna
del verbo y de su impostura
del nombre y apellido
del uso y del abuso

déjame saber quién fui
dónde estuve
entre qué brazos
antes de los prefijos y los sufijos
de las patrañas de lápidas y calendarios
del tiempo combusto entre esencias y ausencias
gangrenas y cadenas

cuéntame de aquel sur/de mi estirpe
inconcluyente, cínica, trivial
de la brama animal que arremedaba
el grito de Dios
del prodigioso adviento cotidiano del ardor
de la fatal argumentación de los sentidos

vamos, musa
contáme

cómo era mi vida
cuándo se me parecía

EL LOBO

Desentierra la noche
con cinco cuchillitos de madreperla y luna
deambula
juega
muerde/muere
mata
tutela su prole
su destino
'su sino
su dios artesano
el lobo
que sabe hacer el amor
hacer el amor
deshacer
el
amor

Será un día de sal

Un aire de desaire
se enreda a las cornisas

achicada en la puerta
la noche equinoccial
amagues de sonrisa
en tu boca impaciente
la falluta lealtad de la franqueza
sobre la frente oscura
los pasos
maltrechos en la entrada
la mirada sin lumbre
las manos sin amparo
y al final el portazo
esa daga afilada
que te busca y no falla

será un día de sal

los faroles del parque
sombríos
espectrales
a señal convenida
se mandan a mudar

hoy
no sabré qué hacer
con todo este claror que maltrata

la acera
y dolerá hasta el hueso
quedarse aquí
encerrado
en la noche que expira

será un día de sal

desafinará Vivaldi
en cualquier estación
y en un tono menor
clavará el viejo sol
su diente a la mañana

será un día
de sal

MATTINO A MILANO

Despiadada
la emboscada del día

la ventana despliega sus mamparas
con un aire opulento de mariposa herida
programa el caso su naciente aventura
y un cuerpo adolorido se resigna
al rito vertical
de la apertura

estrenos de jornada
balbuceo entre ramas
la armada de la sombra en retirada

con la cara imprecisa en la sisa del sueño
una voz de mujer
me acuna el corazón
y lo adormece

mattinata ostinata
oro y plata

en la almohada
extraviado
el olor de mi madre
en castellano

AHORA SÉ
finalmente
que no queda nada

ahora sé que te fuiste
y que ya no me duele
nos perdimos los pasos
y es un alivio
pensar que no se muere

claro
yo sé que todavía
te me aparecerás por las mañanas
que sentiré tu voz en las esquinas
y tu olor en mi cama

claro
no es que sea fácil inventarse el día
sin vos a decretarlo día
la noche se presenta a veces
tan pero tan noche
que dan ganas de caerse dentro

ahora sé, finalmente
que de tanto todo
ya no queda nada

déjame mentir que no me duele

después de todo
debería ser un alivio
pensar que no se muere

NOCTURNO PALERMITANO

Será tal vez la noche
que es más noche esta noche
o el golpe de rebote del hastío invernal
será porque la luna parece aquí mas cierta
y canta a cada esquina su historia singular
será porque a esta hora un viento clandestino
se cuela desde oriente
y silbando al oído te borra hasta el nombrete
será porque los patios reclaman a los gritos
su salario de gloria
y la ciudad revive
y la ciudad remuere
y todo está más claro
y todo más ligero
mientras un cielo vago se acucha en la vereda
y una mujer me espera
en Via Maqueda

será porque esta noche hay fiesta en la Olivella
y un manojo de estrellas se estruja en los faroles
será que el mundo vuelve a ser como antes era
en un tiempo del cual ya no queda memoria

será que hoy estoy triste
de una tristeza fiera
y amainé la bandera vadeando mostradores
será porque la aurora afila sus cuchillos
en la hoja de la acera

y la calle se calla
y la pena despena
y una mujer me espera
en Via Maqueda

será/tal vez
la vida
que es más vida esta noche
pero anda suelto un aire que entrevera los pasos
y cada una mano es un beso
cada abrazo un suspiro
cada cuerpo un vestido
cortado a la medida
mientras el día se acuesta
desganado en la arena
y una mujer me embruja
en Via Maqueda

será tal vez la noche
che es más noche
esta
noche

LA BELLEZA

Un vuelco del corazón, a la salida de Santa Croce
un vaso de vino/compartido
la mirada milenaria de un gato
un atardecer en Montevideo
hacer el pan
esa página que un día escribirás
tener tiempo alrededor
aquel vientre
que alguna mañana te hizo creer
en la existencia de Dios
las trampas del amor
recordar un dolor que ya se fue/pero no del todo
las muertes vividas
las vidas derrotadas
sentir que sos el dueño
de todos tus segundos, cada hora, cualquier día
tirar por la ventana/con un golpe de mano
todo lo que has ganado
decirte, sin dejar nunca de pensarlo:
con nada vine al mundo
con nada un día me iré
caminar a frente alta entre la gente
pensar/sin poder jurarlo/ciegamente
que el mundo está hecho bien
hoy
que vivirlo tal vez valga la pena
sentirte digno de sentarte a cualquier mesa
siempre y cuando hayas sido invitado

defender tu soledad con uñas y dientes
tener el alma en paz/o por lo menos/sin guerras declaradas
luchar por lo que crees
enamorarte
asombrarte
vivir

la belleza salvará el mundo
escribía Dostoievski
y estaba salvando el mundo

ASSENZA

Si supieras que extraño
pensar en vos ahora
buscarte por todos lados
en este planetita distraído
espejarme en su cielo
su recóndito arcano
charlar de esto y lo otro con el taxista
y pedirle que vaya muy despacio
a paso de hombre entre las caras de la gente
quiero entrar en puntas de pies
en este cuadro
y retomar mi lugar
entre los presentes

si supieras mi amor como es extraño
quedarme aquí distante
el tiempo apenas de reajustar alientos
de esquivar un suspiro
las valijas apiladas en la puerta
los ojos en la sierra
el huso horario en Como
la cabeza en cochinchina
mi vieja que como siempre
driblea en la cocina el piropo de una lagrima
las caricias infinitas
la sonora fatiga del beso y del abrazo
el olor de la tierra
de mi tierra

que se me trepa a la piel
y me conquista

si supieras mi amor como es extraña
esta noche
aquí en Minas

hay una tropa feliz de botijas
en la calle
y yo que tomo un mate que es casi una poesía
que saludo vecinos
que descubro que al fin
después de tanta ausencia
hay un lugar en el mundo donde podría quedarme
donde dejarme amar no es una herejía
y puedo echar al viento camisa y desengaños
y desafiar febrero
descalzo y sin apuro

si supieras mi amor
como es extraño
esta noche
aquí en Minas

buscarte por todos lados
en italiano

encontrarte en cada cosa
en uruguayo

Milton Fernández

TANGACHO

Se nos mete la noche
en todo el cuerpo.
Saber que estás ahí, inalcanzable y sola, que mis
manos te buscan, aunque yo no te busque, aunque yo
no lo quiera, que por algún lado estás, que tenés que
estar para que tenga un sentido lo que siento, y que
me estás buscando, amor, aunque vos no lo quieras,
aunque nunca lo sepas, que se nos va la vida en tanto
andar, en tanto oscuro a tientas, que me gusta
pensar cuando estoy solo, pensar en vos, pensar que
estoy en vos, pensar en vos sin mí, en mis manos vacías,
en esa vocación de zaguán al sur que llevás en el pelo,
en ese andén vacío que no pisamos nunca,
en ese juego de adioses con pañuelitos de papel, sin adioses,
en el ojal del chaleco por el que me entraste una tarde
en todo el pecho, en eso que me hubiera gustado decirte
y no te dije, en lo que quise oírte decir y no dijiste,
en todo aquel silencio y en todas mis ojeras, y saber
que es un lujo que ya no nos podemos permitir, la espera,
que nos cae bien, pero requetebien, la tarde,
ésa horita indecisa en la que el día empieza a escaparse a pedacitos
por todas las rendijas y se va al fin,
gateando, por debajo de la puerta,
 que alguien sin querer, andá a saber, dejó entreabierta,
y en un ratito, así, como si nada, aunque si no lo espero,
aunque vos ya lo sepas
nos está entrando la noche,

en todo el cuerpo.
Nadie, ni siquiera vos sabrás lo que puede ser una tarde
de lluvia bajo un techo de zinc,
cinco dedos de Dios rasgueando el mundo, arrancando ti-
ritas de piel a mis recuerdos, tu pelo y mi almohada, tu
vientre y mis mil manos, y encontrarte la boca, así, come al
pasar, después de tanta ausencia, una cosa fatal, que vacha-
ché, dejálo así, hermano, pam púm, no somos nada.
Sabés, no podía dormir, salí a la calle, el último subte de la
noche esperaba impaciente y ronroneaba, es un gusano
azul que menudea y traga gente, el tipo, en un vagón vacío
me encontré, de cara a cara, agarré tu mano entre las mías
y empecé a chamuyar de cosas bobas, sabés, las de siempre,
que raro, sentía mi voz y trataba de imaginar como habría
sido sentirla en tus oídos, como sería sentirme desde aden-
tro, desde tus adentros, poder mirarme en fin, del fondo
de tu nada, de todo tus principios, en cada mi final, cu-
brirme con tu piel, y todo eso...

Sabés, yo trataba de hablar de cosas simples, banales, cotidianas,
lo sé, ya te lo dije,
me esforzaba por parecer alegre,
hacerte sonreír,
tal vez un poco,
no sé, no cuesta nada,
pero la verdad es que no es fácil hablar con vos de cosas simples,
o estar alegre,
o hacerte sonreír,
cuando vos me conocés más que yo mismo,
cuando trato de mirarte y no te veo,

cuando me miro alrededor y estoy tan solo,
que me da por reírme como un loco,
y en verdad estoy de un triste,
que se me esta haciendo un nudo
en el ombligo.

ABRÁZAME

como si fuera cierto
que la vida recomienza ahora
que vendrán otros días pero no serán puntuales
que lo relojes no tendrán tiempo de pensarlo dos veces
que las campanas tocarán para siempre en retirada
que las palabras perderán los sentidos
y habrá que respirarles en la boca para hacerlas volver
que bastará una mirada
una sola
como nos basta ahora
para reandar desde el principio
cada perdido instante

y que
si después pasa
(como pasará
inevitablemente)
que el día se reanima
y vuelve a galopar
será por siempre él
inderogablemente
un viernes de mayo
como es hoy
y yo seré sin falta
(esta es una promesa)
el hambriento/desnutrido
peregrino
que vos bien conocés
golpeando
para siempre

a
cada
una
de
tus
prodigiosas
puertas

NO INSISTAS

me digo
ahórrate un prodigio para la vida que viene
(¿y si te sale avara de portentos?)

esa boca podría no ser cierta
ya sabés
de noche la Giudecca
se gasta en sugestiones

no insistas
me digo
pasado el sortilegio
no te queda que andar

incierto en la marea
el barquito propaga una avalancha
de cuerpos ornamentales

no hay luna que aguante
esta noche en Palanca

de golpe una borrasca
te encalla en mi ribera
un susurro de senos me recorre
la espalda
desde la plaza sopla como un temblor
de sábanas
y dos sombras
pasando
se vuelven una sola

mañana empezaré de nuevo
con las buenas intenciones

mañana

de noche
la Giudecca
se gasta en sugestiones

(Venecia, una de las últimas noches de carnaval en el 2005)

YO SÉ QUE ANDO BUSCANDO TODAVÍA

sin esperanzas/sin ganas
por el gusto de buscar
porfiadamente
hombres en carne y hueso
minerales
concretos
mujeres en cuya alma abandonar las manos
no mansos simulacros de musgo
y cartón piedra

hombres y mujeres
curtidos por todos los temporales
capaces de arar la tierra con los dientes
o de arrancar vida de las lastras de mármol
de escalar azoteas y barricadas
para hablar cara a cara con la creación
de pararse en puntas de pié sobre el pecho de la noche
y ulular a la luna
a la vía láctea
a los planetas dispersos
en la inmensidad de un universo recién nacido
de resurgir
andrajo por andrajo
desde el fondo
de todos los abismos

hombres y mujeres
del vientre principesco
a quienes nada ha sido regalado
capaces de aplicarse con esmero

a los urgentes sofismas de la aurora
de acumular silencios
de acariciar instantes
de romper en pedazos banderas y estandartes
de adorar la vida
cualquier vida
como el don impagable de un genio prodigioso
dispuestos a arriesgarla
en cada esquina
con tal de no verla derrotada

PORTA VENEZIA

Anochece
lenta la ciudad pone al alma
el seguro
la cartera apretada/el paso duro
chorros y prostitutas se reparten la vía
canceladas las huellas de la etapa forzada
la vida se reinventa en juergas de mentira
mañana se recomienza
es mejor no pensar

esta ciudad duele

duele hasta los huesos
esta obtusa presencia
que te zumba al oído
duele su boca pintada
su pompa/su esplendor
su abrir las piernas al primero que pasa
y dejarse marcar

se ha hecho honda
la noche
tendría que dormir

bajo mi ventana
una máquina insiste en lavar la vereda
la vidriera de enfrente narra historias
de países lejanos

Milton Fernández

al asfalto achispado
y un aroma de pan
recién horneado
se recorta un atajo
y me invade la casa

esta ciudad duele

pero es noche
y
de vez en cuando
se recorta un momento
para los milagros

YO PERDÍ EL CORAZÓN EN UNA CALLE DE BAHÍA

Anduve vagabundeando sin rumbo por la noche
me dejé manotear por el sol en Pelurinho
después bajé a la Baixa a charlar con los pescadores
que dejaban el mar con las redes repletas
de salitre y de pan
y golpeé a la puerta de los poetas de rua

yo perdí el corazón en una calle de Bahía
y nadie hasta ahora me ha podido
dar un indicio

han pasado dos siglos
los ojos ya no son los que antes eran
la memoria hace caprichos
las piernas empiezan a perder pedazos
por todos lados

no sé si ya lo dije
yo perdí el corazón en una calle de Bahía

si alguien lo encontrara
le ruego de tratarlo con cuidado
a lo sumo un saludo tal vez una caricia
pero que a nadie se le ocurra levantarlo

yo dejé el corazón en una calle de Bahía
y no veo la hora de volver a buscarlo

PATERNOSTER

Odio el amor sin dignidad
las palabras sin dignidad
el trabajo sin dignidad
los enemigos sin dignidad

odio la vida sin dignidad
el pensamiento sin dignidad
el se salve quien pueda
sin dignidad

odio los susurros sin dignidad
las caricias sin dignidad
el todo es lo mismo
las ideas
la falta de ideas
los cuerpos sin dignidad

odio las tardes de domingo sin dignidad
las madrugadas sin dignidad
las respuestas sin dignidad
las preguntas que nadie se hace
sobre este asunto de la dignidad

amo tus mañanas/tus despertares
mi trabajo
amo la vida
la tuya y la mía
y (a veces) la de todos los que me rodean

amo la sucesión de tus medidas
la anarquía de una semana que nadie sabe por donde empieza
las siestas de domingo
con vos
dentro de vos
las madrugadas de todos nuestros días
nuestras almas sin puesto fijo
que juguetean alrededor de la cama
las campanadas del cura que nos despierta
con indecente gravedad
él, convencido o menos de su dios
nosotros abrazados o más
en cruz como él
como él desnudos
y damos gracias al cielo
sin esperar nada a cambio
por el regalo del día
porque existe uno y también el otro
porque aún no perteneciéndonos
vos sos mi dignidad
y yo la tuya.

MUJER VOCAL
consonante
mujer plural

mujer en rojo
feriada
y fiesta nacional

preciada
degustada
mujer para dedicarle
la semana

terapéutica
paliativa
mujer que se disuelve
bajo la lengua

mujer de principio
a fin
sin inicio/ni horario
ni línea de llegada

mujer
para perder la vida
una
o dos veces
al día

SOLEDAD
que me canta al oído
y me consuma
que golpea a mi puerta
y me consuela
que se quema a mi lado
sin aplazo
que ojea mis confines
y no perdona

SI VOS NO ME CLAVARAS
en pleno vientre
tu oxidada mañana/plomo y sal
si te dignaras por lo menos de aliviarme
las resabidas lagañas del despierte
las mañas de noviembre
los tonos del teléfono
banales indecisos
bajo el peso del índice o del medio
los libros/jugando a la escondida en la cocina
la ropa tendida con olor a carbón
ese cuerpo sin cara en las arrugas de la cama
bordado en mi alma
nauseabunda/distante

tus quién era
de dónde vengo
cómo me llamaba entonces
cuando había todavía espejos para calcular
la entidad de la nada

si aceptaras de transformarte en viento, arena
humo o serpiente
soplido de ceniza sobre mis mil ojos distantes
entonces
¿quién sabe?
podríamos hasta volvernos una sombra sola
borrón y cuenta nueva
día
que adora
mi tristeza.

SE PRESENTARÁ PUNTUAL UN DÍA YA VIVIDO

llegará de noche
como de costumbre
se meterá en la cama y
me besará la nuca.

Llegará
de noche
la eterna enamorada
y tomará tenencia
de todos mis segmentos
y expondrá sus quejas
de amante abandonada
y recluirá mis pasos
entre comas
y paréntesis.

Yo vestiré/obediente
el olvido que espera

te miraré al salir
rezando (a un dios cualquiera)
y tomaré liviano de equipaje la vía
del penúltimo exilio

susurraré un saludo
que no devolverás

te besaré en los ojos
no me verás partir

PORCA MISERIA

está bien
nunca hizo promesas
jamás se dio por aludida
no se comprometió
ni me regaló ilusiones
no dijo nunca amarme
la vida

pero
porca miseria

no tenía derecho a dejarme aquí
anclado
a este extraño corazón
que reza

HE PLANCHADO VENTANAS

pintado calzoncillos
desempolvado gatos
y acariciado libros

le sonreí al desagüe
releí las baldosas
reordené los amigos
fumigué los vecinos

me puse una camisa de once varas
pantalones de viento
y lloré de contento
borracho de ternura
abrazado a un farol

le hice mimos al modem
después violé el decoder
y le di queso al mouse

no sé porqué hice todo eso
pero vos ya no estás
y a mi me cuesta reorganizar el universo

PLAZA GARIBALDI

Manos a la nuca
el culebreo frenético
rítmico
dolor de cabeza y gusto a nada
¿qué hora puede ser?
la boca rancia
(andá a saber que le metieron a esa porquería...)
el aire frito
contrito
perfume de jabón
tequila y limón
canturrea un estribillo
con la boca cerrada
apretada
el diente de oro
el barbero
la ventana entornada
la frenada del bus en la parada
como una cuchillada
en el asfalto
como un tijeretazo
en tu madejita
como una estocada
en tu mechón
margarita
saliva y sal
canción de cuna
¿qué hora podrá ser?

jadeo de humanidad que se renueva
en un baño de bruma
con una puñalada
en cada sien
y un toque de bocina
justo
a
las
diez

Milton Fernández

PRIMERO DE ENERO

Heme aquí
dispuesto
a las desmitificaciones frescas de jornada
a escalpelar borradores y retazos
a enderezar entuertos y a dirimir
fracasos

por eso es que me pongo a revolver
entre faltas y trucos
posturas e imposturas
contraflores y restos
y no sé nunca
por donde comenzar

es aquí que me saltás vos a la memoria
a traición/aunque sé que no es cierto
(me habría jugado la camisa a que llegabas)
te abro/sonreís
o no sonreís nada
te sacás lo zapatos/los tirás al costado
me mandás al diablo el inventario
y me dejás un año entero
a masticarte

después pasa todo pasa y nada queda
tiempo al tiempo que en el fondo no es mal tipo
a fines de agosto/no prometo
a lo mejor te llamo
así

como para poner al día el calendario
y tirar un resuello
hasta la noche

pero lo sabemos ya
no hay con que darle
como dice el poeta
nada será lo que era
chauchau cómo te va ¿te acordás?
estuvo lindo
¿en qué mes habrá sido?
uno de estos días nos tomamos un trago
vaya a saber
a lo mejor el año que viene
un boliche cualquiera
que andes bien
yo vuelvo a reordenar la estantería
a buscar un indicio
un signo claro
una certeza
aunque sé que después me duele todo
a tratar de entender
ahora que se recomienza
y que hay que sobrevivir un año entero
concluir que era verdad que un día estuviste
y que yo estuve
por más que se revele después una patraña
pero hoy es primero de enero
y
para serte sincero
me importa un pito.

CARNAVAL

Febrero se desangra en el río indeciso

por las sendas de barro
se vuelca una tropilla con presagios de alud
la noche se consigna al clamor errabundo
que arranca a la fortuna una promesa ingenua

Mariscala no duerme

el tam tam de los negros
caracolea indolente
en el vientre mañoso
de una noche al poniente

rey Momo se despierta
del letargo invernal
y en un tiro se juega
sus urgencias de vida

el aire se enardece
en cadencias prohibidas

una luna inexperta
tiende un velo de azúcar a los pies de la sierra
el ramaje de cuerpos roba el oficio a Dios
y destierra la pena
a los antros del día

febrero se disuelve en la pizarra ardiente

al toque de alborada
un pito soñoliento
desde el puesto de guardia
pondrá fin a la historia

pero mientras perdura
Mariscala no duerme

LLEGARÁ EL DÍA EN QUE

no recordaremos nuestras caras
las lejanas promesas
los recientes fracasos

llegará el día en que
de este dolor
no quedarán rastros
de esta osadía frágil, desatenta
que no supimos mantener en vida

llegará un día
en que tal vez lograremos perdonarnos
por la muerte del sueño
por lo que fuimos y no seremos
por la esperanza en el olvido
o el desvelo
como extrema redención del tiempo
por el tiempo perdido
por el perdido instinto
por los muertos y los sobrevivientes
(existen siempre en cualquier guerra)
por las promesas que insistiremos distribuir
por el perpetuo antojo de utopías
que seguirá/no obstante todo
pariendo espejismos
y dolores
por nosotros dos/que fuimos
y que no recordaremos nuestras caras.

RENAZCO DÍA A DÍA/SIESTA A SIESTA
con el toque de queda
en cada hueso
resalgo de tu abismo sin flojeras
me desplomo de lado/incapaz
de otra cosa que no sea
nutrirme de vos/saciarme/hartarme los
ojos de tu abandono
de la impagable presencia de vos sobre la
almohada

y me disuelvo
en frunces/en ojales
en versos y reversos
en la miel de tu boca
que unge mis senderos
en mis pasos vencidos
retorcidos
antes del punto y basta
del juego que se acaba
del antes y después
de las porfías de la nada

y entonces
vamos
vestirse/revestirse
a reandar boulevares
a repatear zaguanes
a esquivar emboscadas/a enderezar reveses
mientras te vas haciendo tarde
despacito

y tu noche se escurre entre mis dedos
mientras vos/ya no estás
te vas
mientras tecleo

y entonces
a esperar hasta mañana
a la hora de la siesta
para rapiñar un mendrugo
para expropiarte al patrón
para morir un poco a la vez
para amarte y no decírtelo
para consumar este ilícito furor que
- y esto lo sabemos bien los dos-
tiene las horas contadas
amor mío.

NOSOTROS QUE SUPIMOS DEL MIEDO
en la escarcha de un subsuelo

nosotros que aprendimos el amor
bajo acusa de subversión
en pleno invierno austral

confinados
proscritos
encaramados a los balcones
a las balaustras
en puntas de pié sobre una aurora
que tardava en aparecer

nosotros que soñábamos con borrar
con la manga del abrigo
 las líneas del confín

nosotros
insomnes en agosto
carne viva
en la locura de abril

nosotros
señores de los harapos
aristocráticos de la anarquía

trasnochados
desahuciados
malvividos
apostatas de cualquier utopía

nosotros/caducados/exaltados
lavativas
porfiados
pelotudos

quedados por el camino
sin dios sin Marx sin nafta ni argumento

nosotros
nuestras vidas y nuestros muertos
el desencanto
el orgullo porqué nos convencimos de poder tocar la gracia
y la condena a perdurar

sobrevivir al propio tiempo
ése
tal vez
el desafío.

ESA MUJER REVOLOTEA POR MI CIELO

se alisa la camisa/se arregla la pollera
suspira con un tono que entona con la hora
flirtea con el tragaluz/que se atraganta
coqueta
y se me queda quieta/en un rincón
aquí no pasó nada

esa mujer me desvalija
(sus ojos no idóneos a la paz)
esa mujer se me sube a los cimientos
me azucara los labios
me desata tormentas
me cincela en la sien un nombre sordo
se desploma en chubascos/sobre el cuaderno

dime/le digo
mírame/la miro
tócame/la toco
y ella como si nada

da vueltas por la casa
se cambia la camisa/se arregla la pollera
compone su mirada
(sus pechos no idóneos a la paz)
y me entrega al día
a sus recesos
despiadada
desde un tiempo
a este lecho.

ES UNO DE ESOS DÍAS

en que todo es confuso
y me muevo sin rumbo
de la silla al diván

es uno de esos días
en que nada me pesa
ni siquiera la promesa
de la noche que incumbe

es uno de esos días en que
sin avisar
destapo una botella
enjuago una camisa
ordeno algunos libros
termino ese parágrafo
escribo a los amigos
te digo que te quiero

es uno de esos días
en que me siento extraño
porqué si abrazo el aire
me sabe a cuerpo cálido
y el mundo se acurruca
y me cabe en la mano

es uno de esos días
que no habría que contarlos
no me tomes en serio
no es nada de importante
nada más que el recuerdo

de un día que hasta ahora
nunca se ha presentado

es por eso que
entonces
previendo su llegada
así, sin dar aviso
sin un motivo válido
enjuago una camisa
ordeno algunos libros
termino ese parágrafo
escribo a los amigos
destapo una botella
te digo que te quiero.

DE CUÁNTAS CALLES NECESITA UN HOMBRE
para ir de aquí a allá
de pí a pá
de noseadonde
hasta algún lado

un día volví y
todo había cambiado
(tendría que decir fui
como se dice de un lugar
en que nunca hemos estado)

mi lugar en el mundo
con sus pocas certezas
sus muchas artimañas
sus felpadas caricias
Carrasco, Minas, Pando, Maldonado,
las encomiendas de Alfredo
con olor a estofado,
Idea y Benedetti
Eduardo y su cortado

cuántas calles
cuántas pateadas
cuántos olvidos
cuántas macanas

¿de cuántos almanaques necesita el hombre
para saber que tiene
su puesto
en algún lado?

Milton Fernández

Las vías del señor son infinitas
repite el coro

ya no pitan los trenes
por ningún lado

PORQUE ESTÁS

Si pudiera parar
y recostar la espera
en un minúsculo instante de tu tiempo
si pudiera echarme a la espalda
 los trechos ya pasados
y borrarme
de la planta de los pies
la línea del destino
lo haría porque estás en este mundo
desnuda y mía
porque sos mía
esta noche
porque estás viva
porque sos cierta si te llevo en mano
pero más todavía
si no te toco
porqué sos presupuesto a cualquier muerte
y doctrina a mi pena
y sos abrigo al sueño
y cuna vespertina
a mi sosiego

si pudiera te diría qué
pero no puedo

NOS FUIMOS CAMINANDO DESPACITO
sin decir nada
(Roma es así
uno le da la espalda
y te deja colgado en la parada)

nos fuimos alejando del bullicio
detrás de un lugarcito
un café sin turistas
una pieza sin vista hacia ningún lado

soplaba un vientecito pierna
un ponentino como la gente
de esos que te dejan sin palabras

y entonces ¿qué hacer?
Nos buscamos las manos sin encontrarlas
tu boca jugueteaba con la bufanda

en Campo de' fiori nos paramos
te besé
o nos besamos, vaya uno a saber

y te me quedaste ahí
para siempre
(Roma es así...)

desde allá arriba
Giordano Bruno
aprobaba.

AHORA QUE LLEGA LA NIEBLA, AMOR MÍO

el malánimo de los días
ese tiempo que congela los pies
solo de pensarlo
cuando se tapa la nariz
y la noche se te aparece en casa de antemano

antes de que llegue el hielo
a desearnos un buen fin de semana
y habrá que volar como los murciélagos
y caminar con las alas apretadas

cuando llegarán los tiempos oscuros
en que no nos reconoceremos más

que no nos encuentren inermes
que nadie nos convenza de bajar la guardia
que el miedo no nos pueda
que mis manos no pierdan el sendero para llegar
hasta vos
que pensarte
siga siendo el mejor indicio para encontrar la vía de casa

ahora que llega el frío
amor mío

y todo se vuelve ajeno alrededor

S'AGAPÒ

El vuelo del que caíamos los dos
la ascensión vertical hacia aquella
región inesperada
de tus juegos
el prodigio geométrico de la
lengua
que siguió dibujando
riachuelos de lava
sobre el umbral de una tarde
reacia a anochecer

¿de qué hablábamos
vos y yo?
¿En qué idioma?

Cuántas de nuestras historias
extendimos sobre aquel prado
que mirábamos con gestos
sin ver/sin entendernos
desde la ventanilla de un tren
disparado en la nada
sobre las lastras arteras de mármol o granito
que jugaban a la verdad

S'agapò tora ke tha
escribíamos, por algún lado
(¿dónde?)
S'agapò pantote

De Pefkakia al Pireo
¿te acordás?

El abismo de tus ojos
las promesas prohibidas
los ritos del adiós

tu risa y la mía
entre garabatos de eternidad

Atenas, 1994

CIERTO QUE FUIMOS ALGUNA VEZ

el punto de infinito
esa línea de fuga
la mancha en el techo que no logramos nunca descifrar
(a veces se te parecía, te lo juro)
el alón de polvo sobre los vidrios
el lujo del café en un vaso compartido
el párrafo apenas terminado de un libro
que tarde o temprano habría tenido que empezar
tu mirada ausente
vagando justo ahí
donde yo soñaba llegar.

El silencio
dibujaba una mueca
sobre el clamor de un día que no se resignaba
a tu ausencia
o la mía.

¿Qué decir?

Nosotros, que pretendíamos todo
de repente
nos contentábamos.

¿Te acordás?

Creo habértelo dicho:

tu vestido más bello
hoy
es el que yace
desde hace días
a los pies de la cama.

Y ERA LINDO PENSAR EN VOS

como pensaba una vez en la revolución
ese lugar donde dejar vagabundear el alma
sabiendo que está andando en la justa dirección

era lindo pensar que podía ser
aunque nunca había sido
que probar valía la pena
que perderme en vos
era el mejor modo de encontrarme

era bello como una ilusión
cuando una ilusión es bella
como el abrazo con un amigo
después de haber afrontado el miedo
como un vaso donde tiembla el vino
mientras se habla del amor
como el coraje que nunca nos propusimos
mientras recorríamos las calles vacías
y sabíamos que la muerte merodeaba alrededor

era lindo pensar
pensar en vos
mientras se hacía la noche
y despacito la deshacíamos

pensar que el mañana
estaba ahí
pronto al ataque

que tu guerra es la mía
y tu cuerpo

Acerca del autor

Milton Fernández es poeta y traductor uruguayo. Ha publicado, en español (Madrid), *El arte de la comedia*, estudio sobre la Commedia dell'Arte, con prefacio de Ferruccio Soleri. En italiano: *Fattebenefratteli* (2001- 1° Premio concurso Terre di Mezzo), *Versi Randagi* (Gedit, 2004, 1° Premio Departamento de Italianistica de la Universidad de Bologna), *L'argonauta* (1° Premio Concorso Lo sguardo dell'altro, Traccediverse, 2007), *Bracadà* (Di Salvo Editore, 2008), *Sapessi, Sebastiano* (Rayuela Edizioni, 2010), *Per arrivare a sera* (Rayuela Edizioni, 2012), *Sua maestà il calcio* (Rayuela Edizioni, 2014), *Donne, pazze, sognatrici, rivoluzionarie* (Rayuela Edizioni, 2015).

ÍNDICE

Versos vagabundos

Colección
MUSEO SALVAJE
Poesía latinoamericana
(Homenaje a Olga Orozco)

Colección
TRÁNSITO DE FUEGO
Poesía centroamericana y mexicana
(Homenaje a Eunice Odio)

Colección
MUNDO DEL REVÉS
Poesía infantil
(Homenaje a María Elena Walsh)

1
Amor completo como un esqueleto
Minor Arias Uva

2
Del libro de cuentos inventados por mamá
La joven ombú
Marisa Russo

***

Colección
LABIOS EN LLAMAS
Poesía emergente
(Homenaje a Lydia Dávila)

1
Fiesta equivocada
Lucía Carvalho

2
Entropías
Byron Ramírez Agüero

3
Reposo entre agujas
Daniel Araya Tortós

Colección
PIEDRA DE LA LOCURA
Antologías personales
(Homenaje a Alejandra Pizarnik)

Colección
LOS PATIOS DEL TIGRE
Nuevas raíces – Nuevos maestros
(Homenaje a Miguel Ángel Bustos)

1
Fragmentos Fantásticos
Miguel Ángel Bustos

2
En este asombro, en este llueve
Antología poética 1983-2016
Hugo Mujica

3
Bostezo de mosca azul
Álvaro Miranda

Para los que piensan, como Silvia Siller, que "para que la poesía sea mágica tiene que ser vagabunda", este libro se terminó de imprimir en junio de 2020 en los Estados Unidos de América.